LOS MEJORES JUGADORES DE TODOS LOS TIEMPOS

G.O.A.T. MEDIOCAMPISTAS DE FÚTBOL

ALEXANDER LOWE

ediciones Lerner ◆ Mineápolis

ediciones Lerner
Una división de Lerner Publishing Group, Inc.
241 First Avenue North
Mineápolis, MN 55401, EE. UU.

Si desea averiguar acerca de niveles de lectura y para obtener más información, favor consultar este título en www.lernerbooks.com.

Fuente del texto del cuerpo principal: Aptifer Sans LT Pro.
Fuente proporcionada por Linotype AG.

Library of Congress Cataloging-in-Publication Data

Names: Lowe, Alexander, author.
Title: G.O.A.T. mediocampistas de fútbol Alexander Lowe.
Other titles: G.O.A.T. soccer midfielders. Spanish
Description: Minneapolis : ediciones Lerner, 2025. | Series: Los mejores jugadores de todos los tiempos | Includes bibliographical references and index. | Audience: Ages 7–11 | Audience: Grades 2–3 | Summary: "Get ready to explore one of the toughest questions in soccer: Who is the greatest midfielder of all time? Soccer midfielders are the game's playmakers. Learn how the sport's best midfielders have dribbled, passed, and sprinted their way into soccer history. Then make your own roster of the greatest midfielders of all time! Go deep with stats and action-packed text to discover the best soccer midfielders of the past and present in a fun, top-ten format. Study the evidence for yourself, and research your own G.O.A.T. list. Then have fun convincing your fellow soccer fans that your list is the best! Now in Spanish!"— Provided by publisher.
Identifiers: LCCN 2024021411 (print) | LCCN 2024021412 (ebook) | ISBN 9798765643976 (library binding) | ISBN 9798765661277 (paperback) | ISBN 9798765651704 (epub)
Subjects: LCSH: Soccer midfielders—Juvenile literature. | Soccer—Miscellanea—Juvenile literature. | Soccer—History—Miscellanea—Juvenile literature. | Soccer players—Rating of—Juvenile literature.
Classification: LCC GV943.25 .L6818 2025 (print) | LCC GV943.25 (ebook) | DDC 796.334092/2 [B]—dc23/eng/20240509

LC record available at https://lccn.loc.gov/2024021411
LC ebook record available at https://lccn.loc.gov/2024021412

Fabricado en los Estados Unidos de América
1-1010981-52431-6/5/2024

CONTENIDO

MEDIOCAMPISTAS MAGNÍFICOS 4
DATOS DE INTERÉS 5

Nro. 10 ANDRÉS INIESTA 8
Nro. 9 LUIS SUÁREZ 10
Nro. 8 BIRGIT PRINZ 12
Nro. 7 XAVI HERNÁNDEZ 14
Nro. 6 ANDREA PIRLO 16
Nro. 5 STEVEN GERRARD 18
Nro. 4 MICHELLE AKERS 20
Nro. 3 FRANK RIJKAARD 22
Nro. 2 LOTHAR MATTHAUS 24
Nro. 1 DIEGO MARADONA 26

AÚN MÁS G.O.A.T. 28
TU G.O.A.T. 29
GLOSARIO 30
MÁS INFORMACIÓN 31
ÍNDICE 32

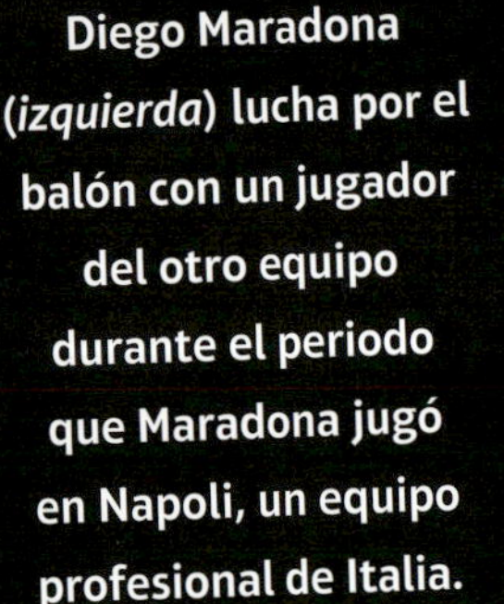

Diego Maradona (*izquierda*) lucha por el balón con un jugador del otro equipo durante el periodo que Maradona jugó en Napoli, un equipo profesional de Italia.

MEDIOCAMPISTAS MAGNÍFICOS

Un jugador contrario recibe el balón justo fuera del área del penal. Se prepara para pegarle. Pero Diego Maradona se desliza para entrarle y le roba el balón. Maradona atraviesa el campo. Cruza el mediocampo con velocidad. Le pasa el balón a un compañero de equipo, quien se lo devuelve frente a la portería. ¡Maradona patea el balón y lo coloca en el ángulo superior de la red!

DATOS DE INTERÉS

» **ANDREA PIRLO** JUGÓ PARA LOS TRES CLUBES MÁS FAMOSOS DE ITALIA: INTER MILAN, AC MILAN Y JUVENTUS.

» **MICHELLE AKERS** (*EN LA IMAGEN ABAJO*) MARCÓ MÁS DE 100 GOLES EN COMPETENCIAS INTERNACIONES; SOLO CUATRO JUGADORES HAN LOGRADO ESTA HAZAÑA.

» **BIRGIT PRINZ** JUGÓ SU PRIMER PARTIDO PARA EL EQUIPO NACIONAL ALEMÁN A LOS 16 AÑOS.

» **STEVEN GERRARD** INGRESÓ AL EQUIPO DE LA ACADEMIA DE LIVERPOOL CUANDO SOLO TENÍA 9 AÑOS DE EDAD.

El fútbol es el deporte más popular del mundo. En Estados Unidos, a este deporte se lo conoce como soccer. Muchos países tiene ligas de clubes o profesionales. También tienen equipos masculinos y femeninos. Los equipos nacionales juegan en partidos importantes contra otros equipos nacionales. Con tantos grandes jugadores en el mundo, es difícil elegir al mejor. ¡Pero por eso es mucho más divertido para los aficionados hablar sobre ellos! A los aficionados les gusta debatir qué mediocampistas son los más grandes todos los tiempos (G.O.A.T., por sus siglas en inglés).

El fútbol tiene una larga historia. Algunas formas de este juego tienen casi 2000 años. Las reglas modernas comenzaron en el siglo XIX, y Para el siglo XX, a las personas de todo el mundo les gustaba el deporte.

Los mediocampistas son jugadores muy importantes en un equipo de fútbol. Juegan con estilos diferentes. Algunos mediocampistas intentan marcar goles. Otros son defensivos e intentan detener al otro equipo para que no haga goles. Pero todos los mediocampistas hacen un poco de todo. Tienen que poder subir y bajar por el campo de juego. Los mediocampistas no se detienen nunca porque en el mediocampo suceden muchas cosas.

Andrea Pirlo (*izquierda*) lucha por un balón suelto en el Campeonato Europeo sub-21.

Steven Gerrard (*izquierda*) corre detrás del balón mientras juega para Liverpool.

Entre todos los deportistas, los mediocampistas son unos de los que están en mejor forma del mundo. Pueden llegar a correr hasta 9 millas (14,4 km) durante un partido. Tienen fuerza, velocidad y habilidad. Algunos de los futbolistas más grandes y más famosos han sido mediocampistas.

Nro. 10 ANDRÉS INIESTA

Los equipos profesionales notaron a Andrés Iniesta cuando solo tenía 12 años. En lugar de tener una o dos habilidades claves, Iniesta era bueno en muchos aspectos. Comenzó como mediocampista defensivo. Pero era tan bueno para marcar goles que sus entrenadores lo pasaron a un lugar de ataque.

Iniesta jugó 442 partidos para Barcelona, un club español. Mientras estaba en el equipo, Barcelona nunca estuvo ubicado en un lugar peor que tercero en la liga. También tuvo 131 participaciones en partidos internacionales para el equipo nacional español desde 2006 hasta 2018.

Iniesta ganó más premios que ningún otro jugador español en la historia. Ganó nueve campeonatos de La Liga. La Liga es el nombre de la liga con los mejores clubes de España. Iniesta era muy bueno para hacerles llegar el balón a sus compañeros de equipo para que pudieran marcar un gol. Una vez tuvo 15 asistencias en una temporada, y logró 87 asistencias en el total de su carrera en La Liga. Su habilidad y regularidad lo transforman en uno de los jugadores más grandes de todos los tiempos.

ESTADÍSTICAS DE ANDRÉS INIESTA

Goles en partidos internacionales	13
Asistencias en partidos internacionales	29
Total de partidos internacionales de su carrera	131
Goles en clubes	73

Nro. 9 LUIS SUÁREZ

Luis Suárez fue uno de los mediocampistas más grandes del fútbol internacional. Fue uno de los mejores jugadores de la década de 1950 y 1960. Suárez fue un gran armador de juego durante toda su carrera. Los armadores de juego les facilitan a sus compañeros de equipo las posibilidades de marcar goles. Le decían El Arquitecto por su gran visión y capacidad de construir jugadas. Su estilo increíble para los pases aún lo practican los jugadores de hoy en día.

Suárez solo disputó 32 partidos internacionales con el equipo nacional de España, pero se las arregó para hacer 14 goles en esos partidos. Su éxito en clubes fue mucho más notable. Jugó 566 partidos para cuatro equipos profesionales diferentes.

Suárez fue finalista del Balón de Oro cuatro veces. Este premio se otorga al mejor jugador de fútbol del mundo. Ganó dos títulos de la Champions League seguidos para Inter Milan, un equipo profesional de Italia. Quizás su logro más grande fue ganar la Eurocopa en 1964 para España. La suma de todas estas victorias convierte a Luis Suárez en un gran mediocampista de todos los tiempos.

ESTADÍSTICAS DE LUIS SUÁREZ

Goles en partidos internacionales	14
Total de partidos internacionales de su carrera	32
Goles en clubes	121
Apariciones en clubes	566

Nro. 8 BIRGIT PRINZ

Birgit Prinz es una de las mejores jugadores completas de la historia. Se la considera la mejor jugadora femenina alemana de todos los tiempos. Prinz comenzó a jugar para el equipo nacional alemán a los 16 años. Continuó liderando el equipo como capitana durante ocho años.

Prinz era una goleadora efectiva. Tiene un promedio de un gol por partido en su carrera profesional. Cada vez que tocaba el balón, había una amenaza de gol. Prinz por poco casi marca el primer hat trick en el fútbol femenino olímpico en 2000. Un hat trick es cuando un jugador hace tres goles en un partido.

Prinz fue nombrada la jugadora alemana del año durante ocho años seguidos. Ganó el Balón de Oro en la Copa Mundial femenina de 2003. Ganó el Balón de Plata en la Copa de 2007. Estos premios se entregan a las primeras y segundas mejores jugadoras de la Copa Mundial femenina. También se la nombró Jugadora del Año de la FIFA en 2003, 2004 y 2005.

ESTADÍSTICAS DE BIRGIT PRINZ

Goles en partidos internacionales	128
Total de partidos internacionales de su carrera	214
Goles en clubes	282
Apariciones en clubes	282

Nro. 7 XAVI HERNÁNDEZ

Xavi Hernández, conocido como Xavi, es uno de los mejores jugadores del siglo XXI. Pasó la mayor parte de su carrera profesional en el Barcelona. Fue un jugador clave del equipo desde el momento en que ingresó en 1998 hasta que se fue en 2015.

Barcelona tenía dificultades cuando Xavi ingresó por al equipo. Se lo nombró vicecapitán antes de la temporada 2004–2005. En 2005, el equipo ganó el título de la liga y desde entonces han sido dominantes en La Liga.

Con 5 pies 6 (1,6 m) de altura, Xavi es más pequeño que la mayoría de los deportistas profesionales. Tuvo éxito por ser un jugador tan habilidoso. Se lo conocía por hacer pases a sus compañeros de equipo y ubicarlos en la mejor posición para hacer el gol. En 2012–2013, Xavi completó el 95,2 % de sus pases.

Xavi condujo a España a la obtención del Campeonato Europeo en 2008. En sus 133 apariciones totales para el equipo nacional, ayudó a convertir a España en una potencia internacional. Su compañero de equipo en Barcelona, Lionel Messi, lo denominó el mejor jugador de la historia del fútbol español.

ESTADÍSTICAS DE XAVI HERNÁNDEZ

Estadística	
Goles en partidos internacionales	12
Asistencias en partidos internacionales	24
Total de partidos internacionales de su carrera	133
Goles en clubes	109

Nro. 6 ANDREA PIRLO

Muchas personas consideran que Andrea Pirlo es uno de los jugadores más grandes de todos los tiempos. Pirlo condujo a Italia a la victoria en la Copa Mundial en el año 2006. También jugó para tres de los clubes italianos más famosos: Inter Milan, AC Milan y Juventus.

Pero Pirlo es más conocido por sus habilidades para hacer pases. Hacía pases precisos que permitían a sus compañeros de equipo hacer goles. Era particularmente temido en los tiros libres. Cuando Pirlo se preparaba para un tiro libre, su equipo tenía una gran posibilidad de hacer gol. Tenía la habilidad de ceder el balón a un compañero o de patearlo con fuerza por encima del portero.

Pirlo jugó 116 partidos para el equipo nacional italiano. Eso lo ubica en el puesto quinto en partidos internacionales para Italia de todos los tiempos. Fue capitán del equipo en 2004 cuando ganaron la medalla de bronce en los Juegos Olímpicos. También condujo a Italia a la final del Campeonato Europeo de 2012.

ESTADÍSTICAS DE ANDREA PIRLO

Goles en partidos internacionales	13
Asistencias en partidos internacionales	23
Total de partidos internacionales de su carrera	116
Goles en clubes	73

Nro. 5 STEVEN GERRARD

Steven Gerrard es muy conocido por su tiempo en el club inglés Liverpool. De hecho, es difícil pensar en el Liverpool sin pensar en Gerrard. Fue nombrado capitán del equipo en 2003. La siguiente temporada, condujo al Liverpool a su primer título de la Champions League en 21 años.

El éxito de Gerrard no terminó allí. En sus 710 apariciones con el Liverpool, el equipo ganó una copa de la liga y un torneo FA Cup. Gerrard marcó 186 goles y tuvo 143 asistencias para el Liverpool.

Es posible que se recuerde más a Gerrard por sus tiros poderosos. A menudo hacía goles desde lugares más alejados de la portería que la mayoría de los jugadores. Gerrard tenía una patada tan poderosa que esos disparos con frecuencia entraban.

Se lo nombró dos veces jugador del año. Con frecuencia estaba en el equipo del año de la Premier League, una lista de los mejores jugadores de la liga. Y fue una pieza importante en el equipo nacional inglés. La leyenda del fútbol Pelé llamó a Gerrard el mejor jugador del mundo.

ESTADÍSTICAS DE STEVEN GERRARD

Goles en partidos internacionales	21
Asistencias en partidos internacionales	23
Total de partidos internacionales de su carrera	114
Goles en clubes	191

Nro. 4 MICHELLE AKERS

Michelle Akers comenzó su carrera como delantera exitosa. Pero después se convirtió en una mediocampista defensiva aún mejor. Akers fue una de las primeras grandes jugadoras de Estados Unidos.

Marcó el primer gol en la historia del equipo nacional femenino de Estados Unidos. Fue una pieza clave del equipo que obtuvo la medalla de oro en las Olimpíadas de 1996. También ayudó al equipo a ganar la Copa Mundial femenina en 1999.

Akers fue una de las jugadoras más fuertes del deporte. El día de la final de la Copa Mundial femenina de 1999, la temperatura era de alrededor de 100°F (38°C). Sufrió un golpe de calor y una conmoción cerebral y tuvo que dejar el partido. Posteriormente se unió a sus compañeras de equipo para levantar el trofeo de la Copa Mundial femenina por Estados Unidos.

Akers integra el Salón de la Fama Nacional del Fútbol. Fue nombrada por la FIFA como la cojugadora femenina del siglo en el año 2000. Durante toda su carrera, Akers probó ser una de las mejores mediocampistas del mundo.

ESTADÍSTICAS DE MICHELLE AKERS

Goles en partidos internacionales	105
Asistencias en partidos internacionales	37
Total de partidos internacionales de su carrera	153
Goles en la Copa Mundial femenina	12

Nro. 3 FRANK RIJKAARD

Frank Rijkaard jugó en dos Copas Mundiales para los Países Bajos. Nunca ganó un título de la Copa Mundial. Pero condujo a su país a un Campeonato Europeo en el año 1988.

Rijkaard ayudó a redefinir la manera en que se jugaba en la posición de mediocampista. Era un defensor aguerrido y un experto en entrarle a sus rivales. No siempre era querido por sus oponentes porque constantemente les quitaba el balón. Y no era solo bueno en defensa. Rijkaard también era un goleador habilidoso.

La carrera profesional de Rijkaard fue muy exitosa. Ganó títulos de la liga con tres equipos diferentes. Pocos jugadores tienen tanto éxito en diferentes ligas del mundo. Rijkaard también tuvo una carrera exitosa como director técnico. Ganó el título de la Champions League tres veces.

ESTADÍSTICAS DE FRANK RIJKAARD

Estadística	
Goles en partidos internacionales	10
Apariciones en la Copa Mundial	2
Total de partidos internacionales de su carrera	73
Goles en clubes	93

Nro. 2 LOTHAR MATTHAUS

Lothar Matthaus fue uno de los jugadores de fútbol más dominantes de la historia. No solo fue un mediocampista defensivo grandioso, sino que también fue increíble haciendo goles. Desde inicios de su carrera, fue un jugador importante del equipo nacional alemán. Ingresó al equipo a los 18 años. Solo un año después, ya estaba jugando la Copa de Europa.

Matthaus marcó un récord al participar en cinco Copas Mundiales diferentes. Esas son más veces que ningún otro mediocampista. Su mejor Copa Mundial fue en 1990, cuando condujo a Alemania a la obtención del campeonato.

Matthaus recibió el Balón de Oro en 1990. El año siguiente, fue nombrado el primer Jugador del Año de la FIFA. En 1999, fue nombrado Jugador Alemán del Año por segunda vez. Ese nivel de éxito durante muchos años es el motivo por el que Matthaus es un verdadero G.O.A.T.

ESTADÍSTICAS DE LOTHAR MATTHAUS

Estadística	
Goles en partidos internacionales	23
Asistencias en partidos internacionales	18
Total de partidos internacionales de su carrera	150
Goles en clubes	201

Nro. 1 DIEGO MARADONA

Diego Maradona no es solo el más grande de todos los tiempos como mediocampista, muchos aficionados lo consideran el mejor jugador de fútbol en general. Maradona podía jugar en toda la cancha, pero normalmente jugaba como mediocampista de ataque.

Pocos jugadores han estado a la altura de las habilidades de Maradona. Su dribleo era especialmente increíble. Se caracterizaba por sortear a los defensores por uno y otro lado sin perder la posesión del balón. Maradona tenía la seguridad de driblar el balón entre grandes grupos de defensores. Entonces, lanzaba un tiro a la portería o le hacía un pase a un compañero de equipo que estuviera en una mejor posición para marcar. Incluso hay un movimiento de dribleo que lleva el nombre Maradona.

Maradona jugó cuatro Copas Mundiales durante su carrera. Hizo 34 goles en 91 apariciones por Argentina y se convirtió en una superestrella mundial. Maradona fue quien verdaderamente definió el fútbol sudamericano en todo el mundo.

ESTADÍSTICAS DE DIEGO MARADONA

Goles en partidos internacionales	34
Asistencias en partidos internacionales	11
Total de partidos internacionales de su carrera	91
Goles en clubes	153

AÚN MÁS G.O.A.T.

Muchos otros grandes deportistas han jugado como mediocampistas. Con tantos mediocampistas asombrosos en el mundo, incluso más podrían considerarse para esta lista. Aquí hay otros 10 que casi llegan a la lista de los G.O.A.T.

Nro. 11 ZINEDINE ZIDANE

Nro. 12 PAUL SCHOLES

Nro. 13 HOMARE SAWA

Nro. 14 CLINT DEMPSEY

Nro. 15 MEGAN RAPINOE

Nro. 16 GARRINCHA

Nro. 17 MICHEL PLATINI

Nro. 18 CLAUDE MAKELELE

Nro. 19 CARLOS VALDERRAMA

Nro. 20 KRISTINE LILLY

TU G.O.A.T.

Es tu turno de hacer una lista de los G.O.A.T. con los mejores mediocampistas de fútbol. Empieza por investigar. Considera las clasificaciones de este libro. A continuación, consulta la sección Más Información en la página 31. Explora los libros y sitios web para descubrir más sobre los jugadores de fútbol del pasado y del presente.

También puedes buscar en Internet más información sobre grandes jugadores. Consulta a un bibliotecario, que puede tener otros recursos para ti. Incluso puedes intentar ponerte en contacto con equipos o jugadores de fútbol para ver qué opinan.

Una vez que estés listo, haz tu lista de los mejores jugadores de todos los tiempos. A continuación, pide a tus conocidos que hagan listas de sus G.O.A.T. y compárenlas. ¿Tienes jugadores que nadie incluyó en la lista? ¿Te falta alguno que tus amigos consideren importante? ¡Háblales e intenta convencerlos de que tu lista es la G.O.A.T.!

GLOSARIO

área de penal: un área frente a cada portería en un campo de fútbol dentro de la cual si un jugador que está defendiendo rompe una regla puede causar que se otorgue un tiro de penal al equipo contrario

Balón de Oro: un premio presentado por la revista France Football al mejor jugador de fútbol masculino del mundo

cap: partido internacional jugado

capitán: el líder oficial de un equipo

Champions League: un torneo profesional de fútbol que se juega en Europa

driblar: mover el balón de fútbol hacia adelante en el campo con los pies

entrarle: quitarle el balón a un jugador del equipo contrario

FIFA: un grupo que supervisa el fútbol en todo el mundo

soccer: otro nombre para fútbol

tiro libre: un tiro en el cual los oponentes no pueden interferir, que se otorga a causa de una regla que rompió un oponente

MÁS INFORMACIÓN

The 50 Greatest Footballers of All Time
https://www.90min.com/posts/50-greatest-footballers-all-time-ranked

Buckley, James. *Soccer Atlas: A Journey across the World and onto the Pitch.* Plano, TX: QEB Publishing, 2021.

Doeden, Matt. *G.O.A.T. Soccer Teams.* Mineápolis: Lerner Publications, 2021.

Midfielder Facts for Kids
https://kids.kiddle.co/Midfielder

Peterson, Megan Cooley. *Stars of Women's Soccer.* Mineápolis: Black Rabbit Books, 2018.

Ranking the 10 Greatest Female Soccer Players in History
https://bleacherreport.com/articles/1694044-ranking-the-10-greatest-female-soccer-players-in-history

ÍNDICE

AC Milan, 5, 16
Argentina, 27

Balón de Oro, 11, 25
Balón de Plata, 13
Barcelona, 9, 14–15

Champions League, 11, 18, 23
Campeonato Europeo, 15, 17, 22
Copa de Europa, 24
Copa Mundial, 16, 22–23, 25
Copa Mundial femenina, 13, 20–21

equipo nacional femenino de Estados Unidos, 20

FIFA, 13, 21, 25

Inter Milan, 5, 11, 16

Juegos Olímpicos, 17, 20
Juventus, 5, 16

La Liga, 9, 14
Liverpool, 5, 7, 18

Messi, Lionel, 15

Pelé, 19

Salón de la Fama Nacional del Fútbol, 21

CRÉDITOS POR LAS FOTOGRAFÍAS

Créditos de las imágenes: Christof Koepsel / Staff/pngimg.com, p.3; Staff/Getty Images, p.4; Andy Lyons/Staff/Getty Images, p.5; Jamie McDonald/Staff/Getty Images, p.6; Alex Livesey/Staff/Getty Images, p.7; Simon Holmes/Stringer/Getty Images, p.8; Mohamed Farag/Stringer/Getty Images, p.9; Danyele/Wikimedia, p.10; Keystone/Stringer/Getty Images, p.11; Tom Hauck/Staff/Getty Images, p.12; Cameron Spencer/Staff/Getty Images, p.13; Sandra Montanez/Staff/Getty Images, p.14; Laurence Griffiths/Staff/Getty Images, p.15; Claudio Villa/Stringer/Getty Images, p.16; Valerio Pennicino/Stringer/Getty Images, p.17; Shaun Botterill/Staff/Getty Images, p.18; Shaun Botterill/Staff/Getty Images, p.19; Rick Stewart/Stringer/Getty Images, p.20; Tom Hauck/Staff/Getty Images, p.21; Simon Bruty/Staff/Getty Images, 22; Clive Brunskill/Staff/Getty Images, p.23; Shaun Botterill/Staff/Getty Images, p.24; Staff/Getty Images, p.25; Staff/Getty Images, p.26; Staff/Getty Images, p. 27.

Portada: Ronny Hartmann/Stringer/Getty Images; Alexander Hassenstein/Staff/Getty Images; Staff/Getty Images, Nadezhda Shpilakina/Shutterstock